Jörg Zink

Der große Gott und unsere kleinen Dinge

Jörg Zink

Der große Gott und unsere kleinen Dinge

Betrachtungen über Alltägliches

Kreuz Verlag

Inhalt

Wenn es einen Gott gibt, dann muß ich ihn mir groß vorstellen. Das versteht sich von selbst. Und wenn ich über mich selbst nachdenke, dann bin ich im Vergleich zu ihm unendlich klein. Auch das ist klar.

Wenn Gott dieses große Universum geschaffen hat, dann werde ich zu dem Schluß kommen, ich sei höchstens ein winziges Nebenprodukt der Weltentwicklung, das man auch vergessen könne.

Wenn Gott so groß ist, dann droht ihm keine Gefahr von irgendwelchen anderen Mächten, dann bleibt er unangetastet, auch wenn wir Menschen an ihm zweifeln, ihn mißachten, ihn für tot erklären. Er lebt ewig, sehr im Gegensatz zu mir selbst.

Dann aber ist es höchst unwahrscheinlich, daß dieser große Gott, für den unser Planet ein kaum vorhandenes Sandkorn sein mag irgendwo in einem

Universum, das sich unendlich in Räume und Dimensionen erstreckt und neben dem es noch beliebig viele andere Universen geben mag, daß also dieser große Gott sich die Zeit nimmt, sich für uns kleine Erdbewohner zu interessieren. Wenn das so ist, dann ist es doch wohl das Wichtigste für uns Menschen, unser vergängliches, bedrohtes Glück zu suchen oder zu erkämpfen, ehe es in den großen Mülltonnen unserer kleinen Menschengeschichte verschwindet.

Und was soll dann noch die Drohung, es werde am Ende geprüft werden, was bei unserem Leben herausgekommen ist? Wir haben ein schlechtes Ausgangsmaterial mitbekommen, nämlich uns selbst, und sollen am Ende nachweisen, daß wir etwas Großartiges daraus gemacht hätten. Wenn also Gott nicht nur groß, nicht nur abwesend, sondern auch gefährlich ist, müssen wir dann nicht lieber vergessen, daß es ihn überhaupt gibt?

Aber ist das möglich? Uns bleibt dabei doch immer noch die Hoffnung, er werde uns wahrnehmen, und der brennende Wunsch, wichtig und unentbehrlich zu sein, wie man unentbehrlich ist, wenn man geliebt wird. Und wenn wir Gott nicht denken wie einen kleinen Beamten, der nur in seinen

Schalterstunden ansprechbar ist und sich immer nur um den einen kümmern kann, der vor ihm in der Schlange steht, dann wünschen wir uns, er möge sich um das kleine Leben, das wir führen, kümmern.

Die Sorge kommt auch aus mir selbst und redet nicht nur gegen Gott, sondern auch gegen mich selbst. Wenn einmal meine jugendlichen Illusionen über mich und meine großartige Person müde geworden sind und ein wenig Wahrheit eingekehrt ist, dann klage ich ja nicht nur die Welt an und nicht nur Gott und nicht nur die anderen Menschen, die mich alle überfordern, sondern auch mich selbst. Und wer soll mir dann noch beistehen können, wenn nicht Gott, von dem man mir gesagt hat, er sei die große Liebe im Getriebe dieser Welt – falls er mir ein Zeichen gibt, an dem ich sehen kann, daß er mich wahrnimmt?

Ein Märchen

Was kommt denn am Ende heraus, wenn man zusammenzählt, was in unserem Leben geschehen und geworden ist? Wie groß oder wie klein, wie nützlich oder wie wertlos waren wir für das Ganze dieser Welt? Jesus erzählt einmal ein sehr gefährliches Gleichnis, und ich will es ein wenig ausführlicher nacherzählen.

Es war einmal ein Birnbaum, der stand in einem schönen Garten und dachte nach. Es war Herbst, und die Stille des Winters lag vor ihm. Die Stille, in der man seine Kräfte sammelt, um recht schöne Birnen hervorzubringen.

Und wenn er über den Winter hinüber dachte, dann lag da ein neuer, noch ungebrauchter Sommer. Aber weder über den Winter noch über den neuen Sommer war irgend etwas zu erfahren.

Weil er aber so gerne gewußt hätte, was ihm seine Zukunft bringen würde, machte er die Stirne kraus und fing an, nachzudenken über alle guten und bösen Möglichkeiten. Und während er nachdachte, schlich sich die Angst in sein Herz ein. Was kann man eigentlich über diesen Winter wissen, fragte er, während ein Blatt nach dem anderen von seinen Ästen wehte. Wer weiß, ob ich ihn überleben werde? Wer weiß, ob er nicht die große Kälte bringt, in der ich elend erfrieren werde? Das Frühjahr? Wer weiß, ob nicht in der Schneeschmelze das große Wasser kommt, das uns alle ersäufen und davonschwemmen wird? Und der Sommer? Könnte nicht die große Dürre kommen wie die, von der die alten Bäume nebenan zu erzählen wissen? Möglicherweise auch nehmen in diesem Jahr die Feldhasen überhand und fressen mir die Rinde ab? Vielleicht fallen im Mai die Maikäfer über mein grünes Laub her? Könnte es nicht sein, daß die Bienen an mir vorbeifliegen oder ein Hagel mich trifft oder sonst etwas Schreckliches passiert? Wenn ich die Lausejungen aus dem Dorf sehe, die kommen sicher, wenn der Sommer zu Ende geht, an einem schönen dunklen Abend und reißen meine Birnen herunter. Und was habe ich dann noch anzubieten?

Als er so nachdachte, wuchs seine Angst, und er beschloß, im nächsten Jahr, wenn möglich, nicht mitzutun. War es nicht das Erste und Wichtigste, zu sehen, daß man mit heiler Haut davonkam? Und er machte seine Rinde hart und riegelte seine Blattknospen ab und auch die Knospen, aus denen Blüten wachsen wollten, und es gab im Sommer keine Birnen an seinen Ästen. Kahl stand er zwischen lauter grünen Bäumen.

Wenn ein Birnbaum sich den Kopf zerbricht, dann kommt logischerweise Kleinholz heraus, und manchmal soll das auch bei Menschen vorkommen. Als jedenfalls der Sommer ins Land gegangen war, kam der Besitzer des Gartens, suchte Birnen an seinem Birnbaum und fand ihn kahl dastehen.

Da war der Birnbaum sehr traurig über sich selbst, legte einen Bußtag ein und fing an, sich bitter anzuklagen. Was bin ich doch für ein Versager! sagte er. Im nächsten Jahr will ich alles aufholen. Es war ihm ernst damit, und er fing an, an allen Ästen rundherum Knospen zu treiben. Als es aber kalt wurde und der Schnee über den Beeten und auf seinen Ästen lag, wurde er ängstlich. Und wenn er auch alle seine Kraft zusammennehmen wollte, um recht viele schöne Birnen hervorzubringen, mußte er doch noch viel mehr nachdenken als das letzte Mal. Und so ging das Jahr um Jahr. Immer war der arme Baum hin- und hergerissen zwischen guten Vorsätzen und lähmender Angst, zwischen bitterer Selbstanklage und unfruchtbarer Armut. Es wuchs keine Birne an seinen Ästen, und alle Qual und Mühe waren umsonst.

Da kam im übernächsten Herbst wieder einmal der Gartenbesitzer und sagte zu seinem Gärtner: »Sieh dir das an! Ich bin nun seit drei Jahren jeden Sommer gekommen und habe nach den Birnen an diesem Baum gesucht, aber immer ist Fehlanzeige. Hau ihn ab! Mit dem ist nichts anzufangen, wozu soll er hier einem besseren Baum den Platz wegnehmen?«

Als der Birnbaum das hörte, erschrak er bis ins innerste Holz, und ein Zittern durchfuhr ihn von der Wurzel bis ins letzte Ästchen, als hätte ihn schon der erste Axthieb getroffen. Was sollte er sagen oder schreien? Und er schrie seine Angst heraus vor dem Mann, der so hart und ungeduldig war. Am Ende konnte er kaum mehr etwas denken, sondern nur in wirrer Angst protestieren, betteln, klagen.

Aber dann sagte der Gärtner, der ihn hätte abhauen sollen: »Laß ihn noch ein Jahr stehen. Ich will um ihn her aufgraben und ihn düngen. Vielleicht kommt er dann noch einmal. Wenn nicht, können wir ihn im nächsten Herbst immer noch abhauen.« Der Besitzer des Gartens stimmte mit einem Kopfnicken zu und ging seiner Wege. Der Gärtner aber nahm den Spaten in die Hand und machte sich an die Arbeit.

Der Birnbaum, der noch immer zitterte, sah ihm zu. Da war einer mit behutsamen Händen an ihm beschäftigt. Und er erinnerte sich, daß dieser Mann mit seinem Spaten schon seit langer Zeit, seit vielen Jahren, mit großer Zuverlässigkeit gekommen war, ja daß er eigentlich in all den Jahren das einzig Zuverlässige gewesen war, mehr als alle Katastrophen, die kommen konnten. Wie war es denn gewesen? Kein Blitz hatte ihn gespalten, und das Haus nebenan stand so fest und sicher wie je. Aber dieser Mann war immerfort um den Weg gewesen, und als die Gefahr am höchsten stand, trat er für ihn trotz seiner Unfruchtbarkeit ein.

Und der Baum wurde immer stiller. Er erinnerte sich aller guten Vorsätze, die er gefaßt, aller Ängste, die er ausgestanden hatte, und aller Enttäuschungen über sich selbst. Er merkte, daß es gar nicht an den Gefahren gelegen hatte, daß vielmehr in ihm selbst die Angst saß und der Unglaube und das Mißtrauen gegen die Welt und die Menschen und gegen Gott. Er merkte, und diese Erkenntnis hatte etwas Beschämendes, daß es mit all seinem guten Willen und mit all seiner Angst und seinen verkrampften Anstrengungen nicht zu schaffen war, daß vielmehr seine Birnen wachsen würden, wenn er selbst sie nicht hinderte.

Wäre es nicht die Rettung aus aller Not, so fragte er sich, wenn man sich diesem Gärtner anvertrauen würde, seiner Fürsorge und Zuverlässigkeit und Sachkenntnis, und sich im übrigen um Regen und Sonnenschein von morgen und übermorgen nicht sorgen?

Ich weiß nicht, wie die Geschichte zu Ende ging. Bei den Menschen, die ich kenne, geht sie sehr verschieden aus. Manchmal hat sie einen guten Schluß. Etwa so: Der Birnbaum trieb, als der Sommer ging, seine Knospen und hinderte sie nicht, zu wachsen und sich zu öffnen. Die Bienen kamen im Mai zu seinen Blüten, die Sonne schien und der Regen rauschte, und im Sommer waren seine Äste voller Birnen, daß es eine Pracht war. Er wurde nicht abgehauen, sondern blieb in dem Garten stehen bei dem Gärtner, der nach ihm schaute, und brachte seine Birnen nun Jahr für Jahr, bis er alt und grau war und ein wenig müde. Und er war dankbar für ein langes und gesegnetes Leben. Am Ende war er sogar damit einverstanden, daß er nun einem jungen Baum Platz machen mußte, der sein Leben noch vor sich hatte. Und er wünschte ihm viele schöne Birnen und ein langes Leben.

Die große Sorge

Es gibt eine alte Legende oder Fabel, die berichtet, wie die Sorge am Ufer eines Flusses saß und aus Lehm ein kunstvolles Gebilde formte. Es gelang ihr, und sie hatte Freude daran. So bat sie Gott, es lebendig zu machen. Gott tat es, und das Wesen wurde lebendig. Nun aber wurde die Sorge mit der Erde uneins, wem es gehören solle. »Es ist von mir genommen und aus Erde gemacht«, sagte die Erde. »Ich habe ihm aber seine Gestalt gegeben«, antwortete die Sorge. Da entschied Gott den Streit: »Das neue Geschöpf soll Mensch heißen. Im Leben gehöre es der Sorge, sein Leib gehöre im Tode der Erde, seine Seele sei mein in Ewigkeit.« Die Wahrheit dieser – im übrigen nichtchristlichen – Fabel ist die, daß es tatsächlich die Sorge ist, die unserem Leben die Gestalt gibt. Daß wir einen Beruf ergreifen, entspringt der Sorge, wovon wir leben sollen. Daß wir Dinge kaufen, sammeln und pflegen, entspringt der Sorge um den heutigen und morgigen Tag. Beständig begleitet uns die Sorge, Fehler zu machen, etwas zu versäumen oder zu vergessen, nicht fertig zu werden, Menschen zu verletzen und insgesamt die Sorge, wie wir durch unser Leben kommen werden. Die Sorge gibt unserem Leben die Gestalt.

Die Sorge ist noch nicht Angst. Angst ist mehr. Sorge ist nur das ständige Wachsein über den kleinen Dingen, über Gesundheit, Arbeit, Zeit, über den anderen Menschen und den vielen Aufgaben. Die Sorge sagt: Du mußt dein Leben in die Hand nehmen. Wenn du es nicht in der Hand hast, hat es niemand in der Hand. Nun scheint es so zu stehen, daß unsere Sorge und unser Glaube zusammen immer denselben Raum füllen. Wo die Sorge wächst, verliert der Glaube an Raum, wo der Glaube erlahmt, dehnt sich die Sorge. Wo der Glaube Raum greift, schwindet die Sorge. Die Sorge ist darum groß, weil der Glaube klein ist. Und es gibt keine Freiheit von der Sorge außer dadurch, daß der Glaube beginnt, sich mit unseren Sorgen zu beschäftigen und etwas mit ihnen zu tun.

Vielleicht ist das erste, das er tut, dies, daß er in das Gewirr der Sorgen und Ängste eine bestimmte Ordnung bringt. Denn die Sorge hat ihre Macht in ihrer Gestaltlosigkeit. Ganz unten fängt es an etwa bei den Dingen, die das Leben schön machen oder die das Leben nötig hat, und bei der Sorge um die Erfüllung der täglichen Pflicht. Eine Stufe darüber mag unsere Sorge um uns selbst folgen und um die anderen Menschen, die uns anvertraut sind, die unsere Gegenwart, unsere Gedanken und unsere Arbeit brauchen. Darüber steht die Sorge um Schuld und Unrecht, die Sorge um den rechten Weg, die Sorge, wie es möglich sei, vor Gott und den Menschen zu bestehen, die Sorge um das Einvernehmen mit Gott und das ewige Heil.

Wenn nun Christus sagt: »Mach dir keine Sorgen!«, dann heißt das: Laß die oberste Sorge deine wichtigste sein und die unteren laß fahren. Tu die unteren Dinge, um die du dich sorgst, mit leichtem Herzen und mit leichter Hand und lege das Gewicht deiner Gedanken und Sorgen dorthin, wo die oberen und wichtigen Sorgen sind. Denn oben, wo das Gottesreich in dein Leben greift, haben Sorge und Furcht ihren Sinn. Unten wird das Leben mit einiger Treue im kleinen auch ohne Angst und Unrast des Herzens gelingen. »Ewigkeit, in die Zeit leuchte hell hinein, daß uns werde klein das Kleine und das Große groß erscheine«, sagt ein

Lied und meint den ersten Schritt, den der Glaube tun soll.

Kleine Dinge werden groß durch ihre Nähe. Unwichtige Dinge werden wichtig dadurch, daß ich meine Augen auf sie richte. Man verwandelt sich ja im Laufe seines Lebens gleichsam in das, was man angestarrt hat. Wer lange genug ins Nichtige sieht, füllt sich an mit Nichtigkeiten. Wer lange genug ins Dunkel sieht, füllt seinen inneren Menschen mit Dunkelheit. Wer lange genug auf das Gespenst der Angst sieht, wird schließlich die Angst als ständigen Gast bei sich haben.

Als die Jünger einmal mit ihrem Meister über den See fuhren und in einen Sturm gerieten, sagte er zu ihnen: »Fürchtet euch nicht!« Was heißt das? Es war Grund genug, sich zu fürchten. Ihr sollt, heißt das, nicht in den Sturm sehen, sondern auf Gottes Hand, die den Sturm weckt und den Sturm stillt, auf die Hand, die Wolken, Luft und Winden ihren Lauf gibt. Wie solltet ihr euch fürchten können, solange ihr auf Gottes Hand seht?

Es mag einer einwenden: Vom Sturm wegsehen und sich nicht fürchten, das ist eine Sache für robuste Leute mit gesunden Nerven. Für mich ist das nichts. Ich habe Angst. Aber warum haben wir denn schwache Nerven? Und warum starren wir, was dieselbe Frage ist, so wehrlos und so angstvoll auf die kleinen Dinge unseres Lebens? Wir haben ja nicht Angst, weil wir schwache Nerven haben, sondern wir haben schwache Nerven, weil wir Angst haben. Franz Marc, der Maler, schrieb an einen Freund: »Du hast schlechte Nerven? Dann lies doch deinen Nerven aus dem Evangelium vor!«

Es gibt ein berühmtes, umstrittenes, großes, ärgerliches Wort von Jesus, ein Wort, über dem die Menschen von jeher ratlos wurden, wenn es galt, es ernst zu nehmen: sein Wort über die Sorge.

»Sorgt euch nicht!
Seht die Vögel unter dem Himmel an!
Sie säen nicht. Sie ernten nicht.
Sie sammeln keine Vorräte in Scheunen.
Euer Vater im Himmel ist es, der sie ernährt.
Seid ihr nicht kostbarer als sie?

Was nützt die Sorge?
Wer verlängert mit seinen Sorgen
die Zeit seines Lebens
auch nur um einen halben Meter?

Wozu sorgt ihr euch um Kleider?
Lernt bei den Lilien auf dem Feld,
seht zu, wie sie wachsen.
Sie mühen sich nicht, sie spinnen nicht.
Und doch war Salomo in all seiner Pracht
nicht gekleidet wie ihrer eine.
Macht euch keine Sorgen etwa der Art:
Was sollen wir essen?
Was sollen wir trinken?
Womit sollen wir uns kleiden?
Von Sorgen beherrscht ist,
wer Gott nicht kennt.
Euer Vater im Himmel weiß, daß ihr
das alles braucht.
Wirkt für den Willen Gottes in dieser Welt
und für die Gerechtigkeit, die er meint.
Das übrige wird euch zufallen.«

Mein Bruder ist ein Biologe, ein Spezialist für Vögel. Er hat mir schon vor fünfzig Jahren gesagt: »Wenn die Vögel singen, dann preisen sie nicht Gott. Sie geben auch nicht in erster Linie ihrer Lebensfreude Ausdruck, vielmehr signalisieren sie damit, daß der Platz, an dem sie sitzen, zu dem Raum gehört, den sie für sich selbst und für ihr Nest in Anspruch nehmen.

Und außerdem: Die Vögel arbeiten mindestens so viel wie wir Menschen. Pausenlos sind sie auf der Suche nach Futter, sie stehen in der Auseinandersetzung mit störenden Kollegen, sie sind am Fliegen, und das ist anstrengend. Sie sind am Brüten und auf der Suche nach Nahrung für ihre Brut. Was Jesus also sagt, geht an der Wirklichkeit ganz und gar vorbei. Man hat eben damals über Vögel nicht so viel gewußt wie heute.«

Und ein anderer hat mir gesagt: »Glaube doch nicht, daß das Wachsen einer Pflanze und ihrer Blüte und ihre Samenbildung nicht ein einziger Kräfteverbrauch sind, eine ebenso harte Arbeit wie die Arbeit der Vögel! Nichts geschieht ohne Aufwand an Kraft. Und Tiere, die Vorräte anlegen, gibt es durchaus auch.«

Ich könnte natürlich nun ein weiteres Märchen erzählen von einer Kohlmeise und ihrer harten Arbeit, von ihrer Sorge um ihre Brut und von der Kraftanstrengung, die sie ihr kurzes Leben lang aufwenden muß, um zu überwintern und mit den Aufgaben, die ihre Gene ihr vorschreiben, fertig zu werden. Aber das würde nur so viel bringen, daß wir am Ende wüßten, daß wir uns Menschen nicht mit Kohlmeisen vergleichen können, wenn wir nicht, wie bei dem Birnbaum, unser menschliches Nachdenken und Entscheiden in die Kohlmeise hineinlegen. Denn wir sind nun einmal weder Bäume noch Vögel.

Uns Menschen sagt die Bibel: Du hast immer mindestens zwei Möglichkeiten. Du kannst immer mindestens zwischen zwei Wegen wählen. Es gibt einen Weg zum Leben und einen Weg zum Tode, und vielleicht noch allerlei Wege in den scheinbaren Erfolg oder auch ins scheinbare Glück, aber am Ende werden zwei übrigbleiben: der Weg ins Leben und der Weg in den Tod. Der Weg ins Leben ist kenntlich an seiner Lebensfülle. Der Weg zum Tode daran, daß der Tod auf ihm immer schon gegenwärtig ist.

Wer auf dem Weg zum Tode ist, sagt etwa so: Die Welt ist voll von Gefahren. Sie ist voller Feinde. Glaube keinem. Jeder lügt. Jeder bedroht dich. Rechne immer mit dem Schlimmsten. Hilf dir selbst, sonst hilft dir keiner. Geh kein Experiment ein. Halte dich an das Gesicherte. Sorge für dein Überleben. Aber in all dem ist der Tod immer schon gegenwärtig.

Wer auf dem Weg zum Leben ist, sagt so: Die Zukunft ist ganz und gar offen. Es kann noch viel geschehen, das ich noch nicht kenne, auch viel Rettendes, Helfendes. Ich bin also gespannt, was morgen sein wird. Ich baue keine Mauer um mich herum, sondern lebe wie auf offenem Feld, wo der Wind aus allen Richtungen zu mir kommt. Ich sichere meine Freiheit nicht, sondern breite sie aus. Ich erwarte also trotz aller Gefahren, daß etwas geschehen kann, das mir neu ist und die Lage ändert.

Die Bibel sagt: Wenn du den Weg zum Leben gehen willst, mußt du das Leben lieben. Wenn du immerfort mit dem Tod oder seinen Helfern rechnest, gehst du den Weg zum Tode. »Wer sein Leben sichern will«, sagt Jesus, »der wird es verlieren.« Die Bibel sagt also: Wer das Leben liebt, der bringt seine Lebendigkeit ein. Wer es sichern will, verbaut sich seinen freien Weg. Man kann das Leben nicht zementieren, man kann es nur leben. Man kann seine Freiheit nicht wie Tiefkühlkost konservieren. Man kann nur wagen, ein freier Mensch zu sein.

Ich habe, früher einmal, eine alte Fabel erzählt, und ich will sie noch einmal aufgreifen:

Ein Vogel lag auf dem Rücken und hielt die Beine starr gegen den Himmel gestreckt. Ein anderer Vogel kam vorüber, wunderte sich und fragte: »Was ist mit dir? Warum liegst du auf dem Rücken? Warum streckst du die Beine so starr nach oben?« Da antwortete der: »Ich trage den Himmel auf meinen Füßen. Wenn ich loslasse und die Beine anziehe, stürzt der Himmel herab.« In diesem Augenblick löste sich ein Blatt vom nahen Eichbaum und fiel mit leisem Rascheln zur Erde. Darüber erschrak der Vogel so sehr, daß er sich geschwind umdrehte und – so schnell er konnte – davonflog. Der Himmel aber blieb an seinem Ort.

Man könnte natürlich über ihn spotten, den armen Blender und Angeber, der sich so wichtig nimmt, diesen Pessimisten und Schwarzmaler, der den Himmel stützen will und vor einem Blatt zu Tode erschrickt und sich so unentbehrlich fühlt für den Fortbestand der Welt, daß er schließlich in seinen Depressionen untergeht, wenn er merkt, daß der Himmel auch ohne ihn stehen bleibt. Aber man wird ihm mit Spott sicher nicht gerecht. Es ist durchaus nicht so im Leben, daß der Himmel über den Menschen nicht einstürzen könnte. Die Angst, die uns bei so vielen Menschen begegnet, hat ihren Grund, und die verkrampfte Abwehrhaltung vieler Leute ist möglicherweise ein Ausdruck von bitterschweren Erfahrungen.

Aber Jesus meint durchaus nicht, der Glaube sei eine Sache für Blumenkinder. Er meint, der Mensch sei in Gefahr, in seiner Angst und Sorge zu erstarren und dabei seinen Auftrag zu verfehlen. Er zeichnet sozusagen das Gegenbild zu dem Vogel, der auf dem Rücken liegt: einen Menschen, der die Flügel regt, der sich seinem Element anvertraut, der sich darauf verläßt, daß der Himmel hält und die Luft trägt. Eine gewisse Freiheit und Kühnheit ist gemeint, die dadurch möglich wird, daß ein Mensch aufgehört hat, sich selbst im Wege zu stehen. Menschen sind gemeint, die die Hände frei haben und ihre Kraft und Phantasie und Liebesfähigkeit einsetzen, wo sie nötig sind, in ihren vier Wänden oder vor ihrer Tür oder sonstwo.

Die Sorge um andere Menschen erdrückt uns nicht, sondern macht uns frei. Wenn wir uns nicht einbilden, wir müßten den Himmel stützen, dann stehen die Probleme auf dieser Erde in einem ganz anderen Licht. Sie bedrohen uns nicht mehr. Sie verwandeln sich in Aufgaben. Wir haben die Hände frei. Wir können etwas Rechtes tun, und wir finden dabei vielleicht sogar den Humor, der mitschwingt in der Frage, die Jesus stellt: »Wer ist unter euch, der seiner Lebenszeit einen halben Meter zusetzen könnte, auch wenn er sich noch so sehr darum sorgt?«

»Kauft man nicht zwei Sperlinge um einen Pfennig? Dennoch fällt von ihnen keiner auf die Erde, wenn euer Vater es nicht will. So sind auch eure Haare auf eurem Haupt alle gezählt.«

Mit solchen Sätzen führt uns Jesus in eine Dimension, die unserem sorgenden Nachdenken zunächst einfach fremd ist.

Denn harmlos ist diese Anweisung nicht. Es sind schon viele Menschen gefallen wie Spatzen vom Baum. Und was die Haare auf dem Haupt betrifft: In den Konzentrationslagern hat man Berge abgeschnittenen Haares gefunden. Es ist da schon ein sehr viel größerer Rahmen nötig als der Rahmen unserer Erfahrung, ehe diese Worte einen Sinn geben.

Gott hat – das ist die Voraussetzung für alles Weitere – in seine Schöpfung sehr viel Dunkelheit hineingeschaffen. In das Gewebe dieser Welt sind viel Tod und Leid und Schmerz hineinverwoben.

Und niemand fällt aus dieser Wirklichkeit, dieser größeren, je heraus, mit seiner Sorge oder ohne sie. In das Wesen dieses Daseins gehört auch das Fallen und Stürzen hinein. Das Fallen der Vögel und das Fallen der Haare auf dem Haupt.

Alles, was lebt, ist eingewoben in das große, umfassende und sehr ernste Spiel der Schöpfung. Im Leben eines jeden von uns regiert ein Gesetz, über das er keine Macht hat. Er kann es bestenfalls erkennen und mit ihm zu harmonieren suchen. Er hat kein Mittel und keinen Weg, ihm zu entgehen, er kann es nur leben mit der ganzen und vielleicht mühsamen Zustimmung seines Herzens. Er gehört mit allem Düsteren seiner Rolle in das große Spiel hinein.

Darin liegt etwas zutiefst Schmerzliches. Denn der Mensch ist ja nicht fühlloser Teil eines Apparates, sondern schmerz- und leidensfähig. Er hat Hoffnungen und Sehnsüchte und Wünsche und Ängste. Aber das große Geschehen der Weltgeschichte und das große Spiel der Schöpfung gehen erhaben über ihn hinweg.

Aber da nennt Jesus seinen großen Grundgedanken. Er sagt: Kümmere dich in erster Linie um das Reich Gottes und um die Gerechtigkeit, die zu ihm hinführt, alles andere wird dir zufallen. Und dieses Reich Gottes ist nicht nur zukünftig. Es ist gegenwärtig in jedem Augenblick der Weltgeschichte und in jedem kleinsten Organ der Schöpfung. Das Reich Gottes ist die tröstliche Gegenwart Gottes in jeder Situation und in jeder Stunde. Nimm also dieses Reich Gottes als die eigentliche Wirklichkeit, die in aller Wirklichkeit anwesend ist, und lebe in ihm.

Er meint: Lege den Wahn ab, es komme darauf an, alles selber zu machen. Lege die Angst ab, es könne eines Tages nicht mehr alles wachsen und größer werden, wie es dem Anspruch heutiger Menschen entspricht, diesem lebens- und weltfremden Anspruch, den die Angst ihnen eingibt.

Geh deinen Weg auf das Leben zu. Wirf dein Herz voraus, und du bist mitten im Reich Gottes.

Ein frommer Jude des 19. Jahrhunderts erzählte: Ich habe zwei Taschen. In jeder habe ich einen Zettel. Auf dem einen steht: »Alles, was geschieht, hängt von dir ab. Von deinen Entscheidungen und deinen Taten.« Auf dem anderen steht: »Nichts von dem, was geschieht, hängt von dir ab. Nimm dich nicht so wichtig.« Und das Problem ist lediglich, in welchem Augenblick ich den einen und in welchem Augenblick ich den anderen hervorziehe.

Zu Papst Johannes XXIII. kam einmal ein Bischof zu seiner ersten Audienz und klagte, sein Amt sei so schwer, daß er nicht mehr schlafen könne. Da antwortete Johannes: »Das kenne ich. Ich habe einmal einem Engel geklagt, mein Amt sei so schwer. Da hat mir der Engel im Traum geantwortet: Giovanni, nimm dich nicht so wichtig.«

Nimm dich nicht so wichtig – das ist der Anfang auf dem Weg in die Freiheit, den Jesus Christus in seiner Bergpredigt aufzeigt. Und alles, was wir dagegen sagen, beweist im Grunde nur, daß wir uns noch immer unendlich wichtig nehmen.

Was also soll man tun mit dem dunklen Paket an Sorgen, das man in der Hand hat und das man ständig anstarrt? Der erste Petrusbrief gibt uns nebenbei eine Anweisung: Man solle seine Sorge »auf Gott werfen«. Und Luther sagt dazu: »Wer dieses

Werfen nicht lernt, der muß ein verworfener Mensch bleiben, ein zerworfener, ein unterworfener, ausgeworfener, abgeworfener, umgeworfener Mensch.« Also einer, mit dem geworfen wird, ein Spielball der Hölle.

Freilich setzt dieses Werfen den Versuch, und sei er noch so ängstlich, zu dem Vertrauen voraus, daß Gott selbst dem Menschen dabei helfen wird. Sonst ist das Paket zu schwer für unsere Hände. Ohne die Spur eines Vertrauens wirft man die Sorge nicht aus dem Bannkreis seines Lebens hinaus.

Die kleine Kraft

Stunden oder Tage, in denen wir unserer Kraft sicher sind, sie fühlen und ihr vertrauen können, haben etwas unbeschreiblich Schönes. Etwas zu wirken und zu tun, das Sinn und Wert hat, ist eine Quelle des Glücks, und niemand sollte uns allzu schnell die Freude an unserer Kraft nehmen. Daß die Welt einerseits unsere Kraft nötig hat, daß es andererseits in den Begegnungen mit Menschen und Dingen ständig auf Kraftproben hinausläuft, ist beides sicher. Die Frage ist, ob wir die Welt bestehen oder ob sie Macht über uns gewinnt, ob wir uns halten oder ob wir unterliegen.

Menschen stellen uns – wie zufällig – an irgendeinen Platz und sagen: Hier ist dein Werk. Nun bewähre dich. Und die Kräfte regen sich, bewähren sich oder versagen. Gewordene Ordnungen, eingefahrene Arbeitsweisen, alte Sitten und Übungen gehen ihren Gang vor unseren Augen. Sie sind ein Gemisch aus Bewährtem und Überholtem. Ob wir sie ändern oder sie uns bestimmen, ist eine Probe unserer Kraft.

Menschen um uns her wollen Liebe erfahren. Aber Liebe versteht sich nicht von selbst, sie fordert Kraft und überwindenden Willen. Vielleicht ist hier die erste Stelle, an der die Grenze unserer Kraft fühlbar wird. Man müßte lieben können, aber die Kraft ist klein. Aus uns selbst kommt der Widerstand. Auch alles Aufbauende und Zerstörende kommt aus unserem eigenen Wesen. Hingabe und Eigenwille steigen auf. Und unsere Kraft ist gefordert. Hingabe, den Eigenwillen zu schmelzen. Und wer sich beobachtet, spürt die Grenze seiner Kraft, nicht irgendwo an der Peripherie, sondern ganz dicht, so nahe, daß die Hände sie abtasten können, wie ein Gefangener die Wände seiner Zelle abtastet.

Die Zeiten der Kraft sind schön, aber es sind zugleich die Zeiten der Selbsttäuschungen. Man wird realistischer im Laufe der Jahre und verzagter. Man erfährt die Grenze seiner Kraft. Man sorgt sich um die Reserven. Und man sorgt sich, ob diese kleine Kraft wenigstens einem sinnvollen Werk diene.

»Ich aber dachte«, schreibt ein Prophet, »ich arbeitete vergeblich und verbrauchte meine Kraft umsonst und um nichts; obwohl meine Sache des Herrn und mein Amt meines Gottes ist.« Es half ihm nicht, daß Gott ihn an seine Arbeit berufen hatte, denn die Sorge, ob er seine Kraft sinnvoll anwende, wuchs auf dem Grunde einer Angst, die aus ihm selbst kam.

Die Bibel sagt: Sieh dich genau an in deiner Kleinheit, aber sieh über deine Kleinheit hinüber zu Gott, in dessen Hand sie ist, und hänge dein Glück oder deine Verzweiflung nicht an deine große oder kleine Kraft.

»Hebet eure Augen in die Höhe und sehet:
Wer hat solche Dinge geschaffen
und führt das ganze Heer der Sterne heraus?

Er ruft sie alle mit Namen,
sein Vermögen und seine Kraft ist so groß,
daß es nicht an einem fehlen kann.
Er gibt dem Müden Kraft
und Stärke genug dem Unvermögenden.
Die Knaben werden müde und matt,

und die Jünglinge fallen.
Aber die auf den Herrn harren,
finden neue Kraft,
daß sie auffahren mit Flügeln wie Adler,
daß sie laufen und nicht matt werden,
daß sie wandern und nicht müde werden.«

Die große Frage, an der sich alles entscheidet, ist freilich nicht beantwortet darin, daß wir sehen: Wie schön, wie tröstlich, daß Gott so stark ist! Es ist viel gewonnen, wenn wir bis zu diesem Wort gekommen sind. Aber die Frage bleibt: Wie kommt diese seine Kraft zu mir? Und was heißt das: auffahren mit Flügeln wie Adler? Übersteigerte Bilder trösten gefühlsmäßig, aber sie steigern unsere Kraft nicht. Wie kommt die Kraft Gottes zu uns?

Im Lukasevangelium, das wie kein anderes Evangelium von der Kraft der Schwachen redet, heißt es von Christus: »Und die Kraft Gottes ging von ihm aus.«

Die Schwachheit und der Jammer der Menschheit umgibt ihn, und nun geht die Kraft Gottes von ihm aus. War er nicht selbst ein Mensch? War er nicht selbst bedroht und gefährdet? Wurden seine

Stimme und sein Wort nicht vom Lärm der Menschen überschrien? Und da heißt es: Die Kraft Gottes ging von ihm aus.

Vielleicht liegt das Entscheidende gar nicht darin, daß wir fragen: Wieviel Kraft hast du? Sondern: Wieviel Kraft geht von dir aus? Und es ist merkwürdig: Es will scheinen, daß dort, wo die wirkliche Kraft der Schwachen ist, zwar am wenigsten Kraft ist, aber am meisten Kraft ausgeht.

Kraft ist eine Sache des Glaubens. Sie ist keine Eigenschaft und kein Besitz, sondern etwas, das zu uns kommt und von uns ausgeht.

Zweierlei wird über Christus gesagt: »Die Kraft Gottes ging von ihm aus.« Und: »Er hat unsere Schwachheiten getragen.« Zwischen beidem ist kein Widerspruch, das eine Wort deutet vielmehr das andere.

Er erschien nicht in der Fülle göttlicher Kraft, sondern beladen mit unseren Schwachheiten. Vielleicht oder wahrscheinlich rührt unsere Kraftlosigkeit daher, daß wir ständig Kraft suchen und Kraft verbrauchen, indem wir uns wehren und sträuben und verteidigen und sie im Widerstand gegen die Menschen und die Welt aufzehren.

Wo Kraft ausgehen soll, muß sie wohl zuerst zurückgeholt werden von den Linien, an denen wir uns zu wehren versuchen. Das Geheimnis der Kraft Jesu Christi ist seine Wehrlosigkeit. Seine Kraft steht nicht wie ein Wall aus Abwehr zwischen ihm und den Menschen, sondern geht still und unbemerkt von ihm hinaus zu den Menschen wie über ein offenes Feld.

Es muß uns einmal ganz deutlich geworden sein, daß die Frucht unseres Lebens in keinem Zusammenhang steht mit unserer Kraft. Mit der Kraft hängt vielmehr die Leistung zusammen. Die Frucht wächst leicht in einem schwachen Menschen, der der Kraft Gottes Raum gibt. Vielleicht steht es zuzeiten auch so, daß ein Mensch auf eine Leistung verzichten muß, die er hervorbringen könnte, damit Frucht wachsen kann an irgendeinem Ast seines Lebens.

Weil aber »Frucht« aus Gottes Kraft wächst, gibt es für das, was bei einem Menschenleben herauskommt, kein menschliches Maß. Und wer das einmal verstanden hat, ist auf dem Weg aus den Verkrampfungen hinaus. Er verzichtet auf das Maß, mit dem er das Werk anderer Menschen oder sein eigenes messen könnte. Er ist unbekümmert, wo andere ihn an seinen Leistungen messen, und weiß: Gottes Maß ist anders. Gottes Augen sehen auf den Glauben.

Es ist eine Störung unseres Selbstwertgefühls, wenn wir entdecken: Wir haben keine Kraft. Wie von Christus Kraft ausging, so soll von uns Kraft ausgehen. Ununterbrochen sind Menschen da, die unsere Kraft suchen. Aber hier ist etwas falsch an unseren Gedanken. Nicht das ist die Frage, ob wir Kraft haben, sondern ob Gottes Kraft von uns ausgeht. Das ist die Frage, ob unsere eigene Kraft bereits genug zur Seite getreten ist, damit die strömende Kraft Gottes Raum hat, von uns auszugehen. Denn wir haben unsere Kraft nicht für uns selbst.

Paulus schließt seinen Bericht über seine Schwäche und Krankheit:

> »Er hat zu mir gesagt:
> Laß dir an meiner Gnade genügen,

> denn meine Kraft ist in den
> Schwachen mächtig.
> Darum will ich mich am allerliebsten rühmen
> meiner Schwachheit,
> auf daß die Kraft Christi bei mir wohne.«

Man kann erfahren, daß einem selbst alle Fähigkeiten und Kräfte, die man eingeübt hat und mitbringt, nur im Wege stehen, wo es um das Ausgehen der Kraft geht. Man kann erfahren, was der Sinn der Schwäche eines Menschen ist: daß der Widerstand nachläßt und der Weg frei wird für die Kraft Gottes.

Ich weiß nicht, von wem das Wort ursprünglich stammt, aber es ist ein gutes Wort:

> »Bitte nicht um eine Aufgabe,
> die deiner Kraft entspricht,
> sondern bitte um die Kraft,
> die deiner Aufgabe entspricht.
> Dann wirst du keine Wunder leisten,
> aber ein Wunder sein.«

Und dann wirst du vielleicht selbst staunen, wieviel mit deiner natürlichen, menschlichen Kraft anzufangen ist, staunen darüber, daß sogar deine

Kraft Gott dienen kann und nicht nur deine Schwachheit, daß deine Kräfte schon in dieser Welt frei werden und nicht erst in der kommenden, wenn nur erst das Wunder geschieht, daß sie nicht dir dienen, sondern den Menschen um dich her.

Vom Rabbi von Zans, einem Chassid, wird berichtet, er habe gesagt:
»In meiner Jugend, als mich die Gottesliebe entzündete, meinte ich, ich würde die ganze Welt zu Gott bekehren. Aber bald verstand ich, es würde genug sein, wenn ich die Leute meiner Stadt bekehrte, und ich mühte mich lang, doch wollte es mir nicht gelingen. Da merkte ich, daß ich mir immer noch zu viel vorgenommen hatte, und ich wandte mich meinen Hausgenossen zu. Es ist mir nicht geglückt, sie zu bekehren. Endlich ging es mir auf: Mich selbst will ich zurechtschaffen, daß ich Gott in Wahrheit diene. Aber auch diese Bekehrung habe ich nicht zustande gebracht.«

Wozu also wirken wir und geben unsere Kraft und Gesundheit, unsere Zeit und unsere Gedanken in das Räderwerk des Tages? Was geschieht mit der Tag- und Nachtarbeit, in der wir unsere Kräfte verzehren, bis der Tod den Rest einstreicht?

»Gottes Augen«, sagt die Bibel, »sehen nach dem Glauben.« Gott nimmt auf und bestätigt, was da getan und geopfert wurde. Und vielleicht werden wir in der anderen Welt erkennen, daß auch aus unserer Leistung eine Frucht gewachsen ist, vielleicht an Stellen, an denen wir es nicht dachten. Und wahrscheinlich wuchs sie dort, wo wir in aller Unauffälligkeit mit unserer kleinen Kraft zu seinem Werk beizutragen suchten.

Die kleinen Schritte

Vielleicht sagt jemand, der das liest: Das alles weiß ich. Ich habe es hundertmal gehört, aber es nützt nicht viel. Es ändert sich nichts. Weder um mich her noch in mir selbst ist irgend etwas von einer Wandlung spürbar.

Ich nehme mir jeden Morgen vor, geduldiger zu sein. Freundlicher. Aber selten wird etwas daraus. An jedem Neujahr nehme ich mir vor, mich besser in Zucht zu halten, sparsamer zu wirtschaften, nicht zu lügen und so weiter. Und an jedem Abend, auch an jedem Altjahrsabend, stelle ich fest, daß sich kaum etwas geändert hat. Ich nehme mir ständig vor, dankbarer zu sein für das, was mir Gott gegeben hat, und trotzdem wächst nur die Unzufriedenheit. Pünktlicher wollte ich sein, immer wieder, aber immer noch lasse ich die anderen warten. Ich weiß, ich müßte über ein Gebirge kommen im Lauf meiner Jahre, und schaffe den Weg kaum bis zum nächsten Dorf. Immer sind die Schritte, mit denen ich etwas in mir ändere, zu klein. Die einen reden von Wandlung, die anderen von Sinnesänderung. Die Dritten von Umkehr. Aber alle stehen am Ende vor ihrem Scheitern. Was sich ändert, ist kaum der Rede wert. Liegt nicht alles fest?

> »So mußt du sein«, sagt Goethe.
> »Du kannst dir nicht entfliehen.«

Was sich ändern müßte, wäre unschwer zu erkennen. Der Verschlossene müßte sich öffnen. Der Unzufriedene müßte seine Grenzen anerkennen. Der Verdrießliche müßte Dankbarkeit lernen. Der Gleichgültige müßte sich hingeben. Der Vieldeutige, der sich hinter Masken verbirgt, müßte den Mut finden, so zu leben, wie er ist. Der sich immer und immer an etwas oder an jemandem festklammert, müßte loslassen. Der immerfort über die böse Welt klagt, müßte das Erbarmen mit den Menschen lernen. Der Mann mit dem Stehvermögen des Erfolgreichen müßte nach Gelegenheiten suchen, bei denen er Frieden zu stiften hätte. Der Mensch mit dem großen Können und dem großen Wissen müßte sich wandeln in den Liebenden, der Charakterfeste in den Hingebenden. Der gewöhnt ist, alles selbst zu tun, müßte lernen, etwas geschehen zu lassen, ohne zuzugreifen.

Und dies, das kann man im Laufe seines Lebens begreifen, schafft man nicht durch Anstrengung, nicht durch Entschlüsse, nicht durch Vorsätze. Es ist doch bedenkenswert, daß Jesus die Menschen um sich her dadurch ändert, daß er mit ihnen zu Tisch sitzt. Er gibt den Gästen an seinem Tisch die Zeit und die Freiheit, umzudenken. Sie wissen sich bejaht und beginnen zu hören. Denn Bekehrung, was man so nennt, ist nicht ein gewaltsamer Neuanfang durch einen Entschluß, sie ist eine Hinwendung zu dem, der einlädt und der spricht. Sie ist der Beginn des Zuhörens. Umkehr ist die Wendung von der Angst zum Vertrauen. Wandlung ist das Ja zu einer Einladung und die Wendung zum Fest.

Es würde sich lohnen, alles, was wir für das moralische Verhalten des Menschen einmal gelernt haben, an diesem Bild von der Einladung zu überprüfen.

Was ist denn zum Beispiel ein Gewissen, wenn es nicht das Ergebnis einer Erziehung oder Ausdruck einer zufälligen Gesellschaftsordnung sein soll? Fragen wir die Bibel, so schildert sie uns das Gewissen als die Fähigkeit eines Menschen, etwas zu hören, das ihm nicht anerzogen oder vertraut ist.

Das Gewissen ist das Ohr, das ein fremdes Wort vernimmt, die Stimme, die ihm antwortet, und der Fuß, der ihm nachgeht.

Ich höre also die einladende Stimme und komme. Das ist das einzige, das ich tun kann und das zu tun Sinn hat. Denn nach den Geschichten Jesu ist das Äußerste, das ich vom Sinn meines Daseins erfasse, dies, daß dieses Leben ein Heimweg ist. Das gilt freilich nicht nur in dem Sinn, daß diese Welt ein Durchgang ist und ich sie verlassen muß, um heimzukommen, sondern auch in dem Sinn, daß schon jetzt jeder Weg, den ich in dieser Welt unter die Füße nehme, ein Heimweg ist. Ich brauche nur ein paar Schritte aus dem Gehäuse von Selbstgenügsamkeit oder Angst zu tun und bin unmittelbar im Haus des Vaters.

Ich komme also und weiß, daß ich mich weder um meinen Weg über diese Welt hinaus noch um meinen Weg in diese Welt hinein zu sorgen brauche. Einzig dies wird meine Sorge sein, ob auf diesem Weg etwas von Gerechtigkeit entsteht, etwas von Güte, etwas von Bergung der Verlassenen, etwas von dem Weg, den Christus ging.

Der Weg zur Wahrheit wird länger sein als unser

Leben auf dieser Erde. Wir sind Bettler, das ist wahr. Aber unser Lob Gottes wird darin bestehen, daß wir dankbar aussprechen, wie reich wir sind.

Niemand hat uns versprochen, daß wir auf alle unsere Fragen, die wir auf dieser Erde stellen, Antworten erhalten werden. Wohl aber ist uns Frieden zugesagt. Es ist uns zugesagt, daß wir bewahrt seien. Am Ende wird, nach einem Leben der Fragen und der Erkenntnisse, unsere Erkenntnis zu den weniger wichtigen Ergebnissen unseres Lebens gehören. Und das Ergebnis, das magere, unsere Kraftanstrengung und unsere Vorsätze, wird weniger wichtig sein als das schlichte Heimkehren an den Tisch Gottes.

Wenn Jesus mit Menschen zu tun hatte, die aus ihrem verpfuschten Leben nicht herausfanden und die einen neuen Anfang nicht schafften, dann entließ er sie mit dem Wort: Geh in den Frieden. Geh in den Frieden auch mit dir selbst. Wie solltest du in den Frieden mit anderen Menschen finden können, solange du in dir selbst Krieg führst? Und vielleicht gelingt dir dann tatsächlich, einen deiner kleinen, zu kleinen Schritte etwas ausgreifender zu gehen, so daß du tatsächlich von der Stelle kommst.

Johannes schreibt einmal:

»Daran erkennen wir,
daß wir aus der Wahrheit sind,
damit können wir unserem Herzen
Frieden geben,
daß, wenn unser Herz uns verdammt,
Gott größer ist als unser Herz
und alle Dinge weiß.«

Wenn das wahr ist, wenn Gott der Wissende ist, ist nichts ungesehen, ist alles ausgeleuchtet bis auf den Grund, und es liegt nahe, sich gegen dieses vollkommene Wissen zu wehren, zu sträuben, sich zu verschließen. Aber solange wir uns dagegen wehren, daß Gott weiß, werden wir unsere Angst nicht los und finden wir keinen Frieden. Wir verteidigen eine Festung, von der wir meinen, sie werde berannt.

Aber niemand, sagt Jesus, greift uns an. Niemand verletzt oder beschämt uns. Niemand will eindringen. Nichts soll zerstört werden. Denn Gott sieht nicht in uns hinein wie ein neugieriger Mensch, nicht wie ein Detektiv, der auf unsere Spur gesetzt ist, sondern wie ein Liebender sieht. Es gibt aber keine klareren, keine schärferen Augen als die der

Liebe. Nur Schwärmerei macht blind, Liebe macht sehend. Man versteht einen anderen Menschen nur wirklich, wenn man ihn liebt, und man soll wohl vom anderen nur so viel wissen wollen, als die Kraft da ist, alles zu lieben, was sich dabei offenbart.

Die Liebe Gottes ist unbestechliches Wissen, aber eben ein Wissen, das nicht verachtet, nicht richtet, nicht verstößt, nicht erniedrigt. Weil Gott groß ist und weil seine Größe Liebe ist, hat es Sinn, daß er alles weiß.

Denn die wirkliche Liebe sagt: Ich kenne die Stellen in dir genau, an denen du unsicher bist, darum will ich dort stehen und dich halten. Sie sagt: Ich sehe deine Fehler, darum will ich dort, wo deine Fehler sind, bei dir sein. Wo solltest du mich nötiger brauchen als dort? Ich weiß, daß du kein Held bist. Ich sehe dein Mißtrauen und deine Sorge, darum will ich dir dort, wo deine Angst ist, beistehen. Und so, wie du wirklich bist, bist du unersetzlich für mich. Diese Liebe ist der Anfang des Friedens.

Von Jesus heißt es: Er wußte, was in den Menschen war. Zugleich sagte man von ihm: Er bejahte sie. Er stand zu ihnen, zu den gespaltenen, in sich zerstrittenen Menschen. Er schützte sie, er half ihnen zurecht. Für ihn ließ sich das Unvereinbare vereinen: die Menschen zu kennen und sie zu lieben. Und das war der Grund, warum von ihm Frieden ausging.

An dieser Stelle könnte auch so etwas entstehen wie Gelassenheit.

Als es wieder einmal, wie so oft, in der Morgenfrühe in einem Hotel eilig und hastig zuging, als man wie üblich seinen Kaffee hinunterstürzte, um ja rechtzeitig irgendwo zu sein, bemerkte ein Afrikaner: »Der Eilige und der Gelassene treffen sich an der Fähre.«

»Wo treffen sie sich?« fragte einer. »An der Fähre«, wiederholte der afrikanische Geschäftsmann und erzählte aus seiner Heimat. Da gehen die Menschen in der Morgenfrühe einen langen Weg vom Dorf in die Stadt, durch Grassteppen und Buschwerk. Nach einer Stunde Weg kommt ein Fluß, und über den Fluß führt keine Brücke, sondern eine Fähre, ein altes eisernes Ding aus der Kolonialzeit.

Wenn nun hundert Menschen diesen Weg gehen, alte und junge, schnelle und langsame, wenn da die Jungen den Alten vorauslaufen und der Behinderte am Ende bleibt – an der Fähre treffen sie sich wieder. Die nimmt sie alle zur gleichen Zeit hinüber ans andere Ufer. Der Eilige und der Gelassene treffen sich an der Fähre.

Mir fielen die schnellen Wagen auf unseren Straßen ein, die manchmal mit zehn lebensgefährlichen Überholmanövern einen Vorsprung von drei Minuten gewinnen. Und mir fielen die eiligen Zeitgenossen ein, die keine Minute versäumen, in der sie aktiv und tätig sein können, und die mit ihrem Leben nichts mehr anzufangen wissen, wenn es einmal nichts mehr zu tun gibt. Der Ungeduldige und der Gelassene treffen sich an der Fähre.

Und ich meine, bei einer Gelassenheit, die läßt, was nicht sein muß, die sich verläßt auf den wissenden und liebenden Gott, könnte ganz von selbst manches in uns ins reine kommen, das wir mit all unseren Bemühungen nicht rein bekommen können.

Auf die Länge der Zeit sind die Gelassenen die Stärkeren. Die Gelassenen, das heißt doch: die auch einmal etwas lassen können, was sie auch tun könnten. Der erste sieht Geld, das er verdienen könnte, und sagt sich: Ich muß es nicht verdient haben. Der zweite sieht eine Beförderung, die er erreichen könnte, und sagt sich: Das muß nicht sein. Wenn ich dafür meine ganze Zeit und Kraft und die meiner Frau und was weiß ich noch dazu in meine Karriere investieren soll, muß es nicht sein. Der dritte merkt, wie die Erlebnisse spärlicher werden und er den Erlebnissen nachrennen muß, wenn er noch welche genießen will – und sagt sich: Diesem und diesem Erlebnis muß ich nicht nachgerannt sein. Er ist der Stärkere, und zwar deshalb, weil er das sinnvolle Leben, nach dem ein anderer sich die Lunge herausrennt, ohne es zu finden, unmittelbar vor sich hat.

Wer etwas lassen kann, wer nicht krampfhaft festhält, dem liegt, was er zuletzt brauchen wird, ungefährdet in der Hand. Wer sich nicht mit aller Kraft behaupten muß, hat seine Kraft für Besseres frei. Wer sich nicht mehr angestrengt um eine gute Haltung bemühen muß, braucht zum Stehen weniger Kraft. Wer nicht mehr gezwungen ist, etwas darzustellen, der ist dafür etwas: nämlich er selbst.

Er ist, sagt die Bibel, so gesichert, daß er sich nicht mehr zu verteidigen braucht. Er braucht nicht ständig darauf zu horchen, ob die anderen ihn bejahen. Er ist bejaht. Er kann gelassen sein, weil er weiß, auf wen er sich verläßt.

Vor fast dreitausend Jahren hat einer ein Lied gedichtet, den Psalm 131. Der lautet so:

»Mein Herz, o Gott,
will nicht Ansehen, nicht Macht.
Ich schaue nicht nach Ruhm aus
und nicht nach Reichtum.
Ich gehe nicht mit großen Vorsätzen um
und nicht mit Träumen über zu hohe Dinge.

Mein Herz ist still,
und Frieden ist in meiner Seele.
Wie ein gestilltes Kind bin ich,
das bei seiner Mutter schläft.
Wie ein gesättigtes Kind,
so ist meine Seele still in mir.«

Er ist beneidenswert, der Mensch, der so reden konnte. Man sollte so sagen können, während der

Wecker schellt, während das Kaffeewasser zu langsam warm wird und die Uhr sagt, es sei höchste Zeit. Man sollte so sagen können, während man wieder einmal auf alles hereingefallen ist, das man bei sich selbst überwinden wollte, und ganz klar ist, daß man kaum einen Schritt weiterkam.

Aber er kann so reden, weil er selbst mit seinem beklagenswerten Zustand nicht das Wichtigste auf der Welt ist. »In meiner Seele ist Frieden..« Ich kann aus mir hinaustreten in die Begegnung mit all den anderen Menschen, die mich aufhalten, die mich stören, die meine Nerven strapazieren, und kann diesen Frieden bewahren. Ich gebe es auf, gegen verschlossene Türen zu rennen. Ich gebe es auf, ein Heiliger sein zu wollen. Ich gebe es auf, mir beweisen zu wollen, was an mir selbst doch alles an Gottwohlgefälligem entwickelt ist. Ich verlasse mich auf seinen Frieden.

Die kleine Zeit

Von einem Südseeinsulaner wird erzählt, der einige Zeit in Europa verbracht hatte. Der schrieb nach seiner Rückkehr – längst ehe die europäische Zivilisation in seine Heimat eingebrochen war – folgendes:

»Der Europäer ist immer unzufrieden mit der Zeit, die er hat, und er klagt den großen Geist dafür an, daß er ihm nicht mehr gegeben hat. Er läßt die Zeit auch nicht, wie Gott sie gemacht hat, sondern zerschneidet sie, gerade so, als fahre man mit einem Buschmesser durch eine weiche Kokosnuß. Alle Teile haben ihren Namen: Stunden, Minuten, Sekunden. Die Sekunde ist kleiner als die Minute, diese ist kleiner als eine Stunde, und man muß sechzig Minuten und noch viel mehr Sekunden haben, ehe man so viel hat wie eine Stunde.

Es gibt in Europa nur wenige Menschen, die wirklich Zeit haben. Vielleicht gar keine. Deshalb werden sie auch durch ihr Leben geschleudert wie ein geworfener Stein. Sie rennen und laufen und sehen beim Gehen zur Erde und rudern mit den Armen. Wenn man sie anhält, rufen sie unwillig: ›Was mußt du mich aufhalten. Ich habe keine Zeit. Sieh zu, daß du die deine ausnützt.‹ Sie tun gerade so, als sei ein Mensch, der schnell geht, mehr wert und tapferer als der, welcher langsam geht.

Ich glaube, die Zeit entschlüpft dem Europäer wie eine Schlange aus einer nassen Hand, gerade weil er sie zu sehr festhält. Er jagt immer mit ausgestreckten Händen hinter ihr her. Sie soll immer da sein, sie soll sagen, wie spät es ist, und darauf achten, daß man nichts versäumt. Aber die Zeit ist still und friedlich und liebt die Ruhe und das breite Lagern auf der Matte.«

Sosehr man als Europäer Bedenken haben mag, das Rezept »Lagern auf der Matte« für sich gut zu finden, außer im Urlaub, sosehr man sich darüber amüsieren kann, kann man auch sagen: Eigentlich hat er recht. Aber damit hätte es sich schon. So leben wie er könnten wir nicht. Uns scheint die Zeit nicht still und friedlich, sondern schnell und vergänglich, und es gilt, sie zu nützen.

»Was ist der Mensch?«
fragt das Buch Sirach in der Bibel,
»Wozu taugt er?
Was kann er nützen oder schaden?

Wenn er lange lebt, so lebt er hundert Jahre.
Wie ein Tröpflein Wasser im Meer
und wie ein Körnlein Sand,
so gering sind seine Jahre
im Vergleich mit der Ewigkeit.«

Und es fügt eine erstaunliche Folgerung an:

»Darum hat Gott Geduld mit den Menschen
und schüttet seine Barmherzigkeit
über sie aus.
Er sieht, er weiß, wie bitter ihr Ende ist,
darum erbarmt er sich
um so herzlicher über sie.«

Aber welcherlei Alternativen bleiben uns denn wirklich im Umgang mit unserer kurzen Zeit zwischen unserer Geburt und unserem Tod? In der kleinen Phase von fünfzig oder achtzig Jahren in der Milliarden Jahre währenden Weltentwicklung? In der kleinen Phase, die sich nicht wiederholt, die unwiderruflich zu Ende geht, ehe sie vielleicht in eine ganz anders geartete Zeit oder Ewigkeit mündet?

Was wollen wir denn tun? Die Unwiderruflichkeit der kleinen Zeit ist das eigentliche Maß für das, was zu tun sich in dieser Welt lohnt. Was wollen wir denn tun, damit die kleine Zeit eine wenigstens erfüllte, eine lohnende, vielleicht eine glückliche, jedenfalls eine segensreiche gewesen sein wird?

Zunächst einmal: Ein wenig von der Gelassenheit des Südseeinsulaners, der der Zeit gönnt, daß sie ruht, können wir durchaus gewinnen. Wir haben freilich einen weiten Weg dorthin. Gelassenheit kommt von Lassen. Wir können durchaus lernen, hin und wieder etwas zu lassen, von dem wir meinen, es müsse getan sein. Wir können durchaus wegzulegen lernen, was treibt, zwingt, jagt, Unruhe schafft. Wir können durchaus etwas von unserem Willen weglegen, von unseren Sorgen, von unseren Problemen und ihrer Mühsal, jedenfalls für Augenblicke, und dabei ein wenig von der Gelassenheit gewinnen, die in unserer heutigen Welt so geringe Chancen hat und die ihr so dringend nottäte.

Wir können unseren Willen weglegen. Wir können verstehen, daß wir ja doch nicht wirklich verantworten können, was wir tun und was durch uns geschieht, und können versuchen, uns Gottes Willen anzunähern.

Wir können viele unserer Gedanken weglegen. Wenn wir einmal begriffen haben, daß wir mit unseren Gedanken kein Geheimnis dieser Erde wirklich verstehen werden, werden wir versuchen, die Gedanken Gottes in tastender Vorsicht nachzudenken.

Wir können viele unserer Pläne weglegen. Wenn wir nämlich einmal erkannt haben, daß unser Leben seinen Sinn nicht in dem findet, was wir von unseren Plänen erreichen. Und daß ein anderer einen Plan, einen schwer zu durchschauenden, mit uns hat.

Wir können viel von unseren Sorgen weglegen, wenn wir nämlich einmal begriffen haben, wie wenig wir mit unseren Sorgen irgend etwas bessern.

Wir können viel von unseren Versagensängsten weglegen. Es kommt ja am Ende nicht darauf an, daß wir ein erfolgreiches, sondern darauf, daß wir

ein gesegnetes Leben geführt haben und daß dies der Freundlichkeit Gottes entspricht, der uns am Ende empfängt.
Wir können viel von unseren ungelösten Fragen, von unserer Mühe mit uns selbst, von unseren verkrampften Hoffnungen weglegen. Wir können es aufgeben, gegen Wände zu rennen. Wir können warten, bis sich uns ein Weg öffnet.

Und dann haben wir zugleich den Zugang zu allerlei Maßstäben, die uns sagen, was wir tun können, damit die kleine Zeit, die wir ausschreiten sollen, ihren Sinn findet. Man könnte denken, um die Wirklichkeit auf dieser Erde wahrzunehmen, bedürfe es keiner Religion. Die Erfahrung ist aber immer wieder die, daß man sehr viel von unsichtbaren Dingen wissen muß, um in der banalen Wirklichkeit des Tages zu sehen, wo der Weg weiterführt.

Es geht also angesichts der kurzen Zeit immer um einen Glauben. Jesus sagt: Glaube die mächtige Gegenwart Gottes in jedem Ding und in jedem Augenblick, die ich das »Reich« nenne. Und sei ganz in diesem Glauben. »Alles ist möglich dem, der glaubt.« Sei ganz in dem, was du liebst. Nichts bleibt dir als deine Liebe. Sei ganz in dem, was du tust. Teile dich nicht. Es wird keine Frucht bringen.

Glaube ist die Bereitschaft weiterzugehen, auch wenn es dunkel wird und du keinen Weg mehr siehst. »Ich bin der Weg.« Die Zeit ist kurz. Das bedeutet, daß du dein Ziel bald erreicht haben wirst. Geh ihm entgegen. Das Haus des Vaters hat offene Türen.

Jesus meint nicht weniger, als daß der Glaube Berge versetzt. Daß er Bäume ausreißt. Denn Glaube ist die brennende Hoffnung, daß eine Hilfe da ist, wenn wir die Hand ausstrecken. Er ist der Sprung über den eigenen Unglauben, das Vertrauen, daß einer den Springenden auffängt. Glaube ist die Kraft, den eigenen Zweifel zu ertragen, die Tatsache hinzunehmen, daß die Antwort nicht hörbar ist für unser Ohr.

Darum bitte Gott an jedem Abend, daß du in Frieden schlafen darfst. Bitte Gott um ein seliges Ende oder doch ein Ende, das nach deinem kurzen Leben ein Einschlafen ist in der Hoffnung auf einen Morgen, der ein neues Licht hat.

Auf Wanderungen im Gebirge kam ich immer wieder an leeren Scheunen vorbei: auf den Matten oder zwischen den Bäumen. Alt und verwittert das Holz, alt die Dächer und die Steine, die darauf liegen. Dunkel der Innenraum. Leer. Wie oft mag einer in diese Scheunen Heu eingebracht haben, duftendes Heu, Nahrung für viele Tiermäuler in langen Wintern. Wie oft mag dieser Raum gefüllt und wieder geleert worden sein.

Ich bin gerne an solchen Scheunen. Meist steht eine Bank davor für den, der Zeit hat. Zeit wie die Hütte selbst. Zeit wie die Almen, von denen das Gras kam. Wenn einer alt genug ist, fühlt er sich wie das Holz, an das er sich lehnt. Nach einem langen Leben, das voller Ernten war, in dem Sturm und Schneelast, Sonne und Bläue einander folgten und wieder eine Ernte und wieder eine Zeit des Leerseins. Wenn das Haus dann seine Zeit gehabt hat, steht es noch lange da, leer und scheinbar nutzlos. Mag sein, daß die Ernte unseres Lebens längst verbraucht ist. Aber ich finde es am Ende gut, eine leere Hütte zu sein, die nur noch auf das wartet, was Gott in sie einbringen wird.

Und wenn ich so, ein wenig müde und des Friedens bedürftig, vor der Hütte meines Lebens sitze und ins Land schaue, erinnere ich mich, daß Gott sagt: »Ich will dich behüten«, und nehme ihn beim Wort. Er hat gesagt: »Du bist kostbar in meinen Augen«, und ich nehme ihn beim Wort. Er hat gesagt: »Nichts soll dich von mir scheiden.« Er hat gesagt: »Ich will dir deine Last abnehmen«, und ich verlasse mich darauf, daß es Sinn hat, ihn beim Wort zu nehmen. Er hat Worte gesagt wie »Ich will dir Freiheit geben«. »Ich will dir einen Raum geben, wo du auf einem Felsen stehst«, und ich nehme ihn ganz einfach beim Wort und ruhe in der Zuversicht, daß es gilt. Ich überlasse mich dem gütigen Willen Gottes, der mich mitnehmen wird wie der sanfte Wind, der um die Hütte weht, und vertraue darauf, daß er weiß, wohin die Reise gehen wird.

Gott ist größer

Die Lieder, die Psalmen und Gebete, die die Bibel hat, sind gut dafür, daß wir Menschen späterer Zeiten sie mitsprechen mit unseren Worten, mit unseren Bildern und Vergleichen. Eins davon redet davon, wie groß Gott und wie klein der Mensch sei, und ich will es so nachformulieren, wie es in meinem Munde, dem eines Menschen dieser Zeit, klingen kann. Es ist der Psalm 139:

Mein Gott,
ich kann es mit meinen
Gedanken nicht fassen,
aber es ist wahr:
Wohin immer ich komme,
ich treffe dich an.
Was immer ich tue, du bist um mich.
Was immer ich denke,
du bist meinen Gedanken voraus.

Ich gehe keinen Schritt, den du
nicht begleitest.

Ich denke kein Wort,
ich spreche keines aus,
das du nicht hörtest,
ehe es mir auf die Zunge kommt.

Du weißt, was mir durch den Kopf geht.
Du kennst die Angst, die mich umtreibt.
Meine Träume und meine Pläne
sind dir vertraut.
Und sowenig ich es begreife,
ich weiß doch: Es ist gut, daß du da bist.

Wie in großen Händen hältst du mich.
Ich bin geborgen wie ein Vogel im Nest,
oder, so fürchte ich manchmal, gefangen
wie ein Vogel im Käfig.

Wohin soll ich gehen,
da du alles weißt?
Wo mich verbergen,
da du alles siehst?
Denn unheimlich ist mir
vor deiner großen Hand,
und ich möchte ihr entrinnen
und frei sein.
Ich träume davon,
der Erde zu entfliehen.

Aber während ich träume,
bist du um mich her,
und ich bin in deiner großen Hand.

Ich bleibe ein Mensch der Erde
und könnte ohne deine Nähe
nicht einmal von Freiheit träumen.

Ich träume davon, dir zu entrinnen
dadurch, daß ich mein Leben wegwerfe,
denn ich habe es nicht gewählt
und weiß seinen Sinn nicht.
Aber wenn ich es wegwerfe
und zu den Toten komme,
begegne ich aufs neue dir.
Ich bin wieder in deiner Hand gefangen
und weder meinem Leben noch mir selbst
noch dir, mein Gott, entflohen.

Manchmal träume ich auch,
ich dürfte ein anderer sein, als ich bin.
Ich hätte ein anderes Gesicht,
eine andere Gestalt,
einen anderen Geist, ein anderes Wesen.

Und ich weiß doch: Es ist gut,
daß du mich gemacht hast, wie du wolltest.

Ich möchte ja sagen zu mir selbst.
Wie sollte ich etwas anderes sein wollen
als dein Werk?

Ich danke dir,
daß ich meinen Weg nicht selbst wählen muß.
Du gibst mir mein Geschick
und teilst mir meine Zeit zu.
Ich gehöre nicht dem Zufall
und nicht den Sternen,
nach denen die Angst fragt,
oder einem namenlosen Schicksal.

Jeden Tag meines Lebens hast du gewußt
und bedacht, ehe er da war.
Jeder Tag kam aus deiner Hand.

Zeige mir die Wahrheit über mich selbst.
Ob ich auf dem Weg bin,
den du mir bestimmt hast,
oder ob ich dir entfliehe.
Und leite mich zu dir.

Da redet der Sänger zunächst Gott an wie einen alten Vertrauten: »Du siehst mich.« Aber dann möchte er doch verhindern, daß ihm Gott ins Vertrauliche gerät, und er fügt an: Aber im Grunde

kann ich das nicht begreifen. Und dabei wird ihm Gott nun doch unheimlich, und er überlegt sich, wie er ihn loswerden könnte: »Wohin soll ich gehen vor deinem Geist?« Von Gott gesehen zu sein ist ihm zunächst einmal kein Trost, sondern höchst unbehaglich.
Ich finde es gut, daß auch die frommen Liederdichter der Bibel so hin- und hergerissen sind zwischen Vertrauen und Angst, zwischen Dankbarkeit und Anklage gegen Gott.

Ich kenne das sehr gut von mir selbst. Auch für mich hat Gott viele Gesichter. Ein nahes und vertrauenswürdiges, ein fremdes, das mir immer ein Rätsel bleiben wird, und ein dunkles, in dem sich alles Elend, alles Leiden und Sterben von Menschen verbirgt.

Er ist der, mit dem ich rede, als wäre er ein Mensch, der mir gegenübersteht. Und wie einen Menschen rede ich ihn an und sage: Du, Gott.

Und er ist der, der nicht da ist. Unerreichbar in irgendeiner Ferne, jedenfalls für mein Empfinden und Nachdenken, und ich verstehe sehr gut, daß er für viele Menschen einfach nur abwesend ist, nicht vorhanden.

Und er ist zum dritten der, mit dem ich streite, wenn ich morgens in der Zeitung oder abends in der Tagesschau von all dem Elend erfahre, das in dieser Welt herrscht, von dem Hunger und dem Streit, dem Entbehren und dem Sterben allüberall.

Und was kann mir helfen, mich diesem Gott anzuvertrauen mit allem, was mir wichtig ist an mir selbst und an anderen Menschen? Von Johannes habe ich das Wort zitiert, daß Gott größer sei als unser Herz und alle Dinge wisse.

Damit meint er nicht ein Wissen, vor dem wir uns verschließen oder verbergen müssen, sondern das mit liebender Behutsamkeit aufschließen will, auftauen, öffnen und weiten. Es ist ein Wissen, in dem man Frieden findet. Ein Wissen, das heilt.

Wenn Gott alles weiß, dann ist nichts harmlos und nichts gleichgültig, dann hat alles sein Gewicht. Dann ist nichts unheimlich, sondern alles in der Klarheit Gottes gewußt und gewogen.

Wenn Gott alles weiß, dann legen wir ihm unsere Angst in die Hand und sagen: Du wirst mir die Augen öffnen, daß ich nicht Finsternis sehe, sondern Licht. Dann legen wir ihm unsere Schuld in die

Hand und sagen: Du wirst mich nicht fallen lassen, gib mir die Kraft, daß ich an dir bleibe. Und dann legen wir ihm alle kleinen Dinge, unser Glück und Leid, unsere Tage und Stunden und alles Werk in die Hand und sagen: Du weißt es. In dir hat alles seinen Sinn, seine Klarheit und sein Ziel. Laß mich durch alles hindurchgehen als dein Kind.

Gott weiß die Armut unserer Gedanken und Bilder von ihm und kommt zu uns in einer armen Gestalt. Er weiß unsere Härte und unseren selbstbehaupteten Willen und ist uns nahe wie einem Kind. Er weiß unsere geringen Kräfte und trägt unsere Schwachheiten mit. Er weiß unser geringes Werk und die arme Frucht unseres Lebens und läßt ohne unser Bemerken etwas wachsen, das über die Grenze des Todes hinüberreicht. Er kennt unseren kleinen Glauben und hält ihn über dem Abgrund der Verzweiflung, er läßt uns in der Zwiesprache mit ihm leben mitten in dieser Welt.

Er weiß alle Dinge. Er kennt auch mich. Vor seinen Augen ist ein Bild von mir. Vor seinen Augen ist mein Wesen klar. Vor seinen Augen hat mein Leben seine Ordnung und haben meine kleinen Dinge, was sie vor meinem Herzen nicht haben, ihren guten Zusammenhang. Denn Gott ist größer.

Auch du, kleiner Mensch, bist groß

Eines der Hauptfeste der Christenheit erzählt von der Kleinheit Gottes und von der Größe des Menschen. Es erzählt von einem kleinen Kind von Flüchtlingen, in dem Gott zu uns gekommen sei. Es deutet den Weg Gottes zu uns Menschen als den Abstieg eines Großen zu den kleinen Empfängern seiner Liebe. Und es schildert unser eigenes Wachstum so, daß es von der Geburt dieses Kindes in uns selbst spricht, von einem Anfang aus Gott, der weiterträgt und weiterwirkt über die Jahre und weit hinaus über unser irdisches Dasein.

Es fällt uns dabei auch ein, daß Jesus die Zielgestalt des Menschen in einer besonderen Form von Kindlichkeit gesehen hat. Wir sollen, sagt er, werden wie die Kinder. So wehrlos, so vertrauend. So empfangend, ohne geben zu können. Wenn er vom »Kind« redet, meint er ja nicht dessen angebliche Unschuld, die es nicht gibt. Er meint nicht rührende Einfalt, sondern er meint: Hier ist ein

Wesen, das ganz auf die Sorge anderer angewiesen ist. Er meint: Das Reifste, das in einem Menschenleben gedeihen kann, ist eine Wehrlosigkeit, die sich ganz auf die Sorge Gottes verläßt. Der reife Mensch ist der, der seinen Stolz und seine Selbständigkeit ohne Bedauern weglegt und sich der Sorge Gottes anvertraut.

Wenn wir wissen wollen, was vor Gott groß und was vor ihm klein ist, dann ist es gut, wenn wir unsere Maßstäbe beiseite tun und fragen: In welchen Dingen bedarf ich der Sorge Gottes? Und wir werden die Dinge gefunden haben, die in Gottes Augen auf alle Fälle groß sind. Denn das Bild des vollkommenen Menschen ist das Kind, das der helfenden Aufmerksamkeit Gottes bedarf und das ebendies begriffen hat.

In einigen Völkern gibt es ein Sprichwort, das mit immer wieder ein wenig anderen Worten sagt: »Kostbare Essenzen bewahrt man in kleinen Gefäßen.« Wenn also ein Gefäß klein ist, ist über seinen Wert erst dann zu reden, wenn man weiß, was es enthält. Und das ist in der Seele des Menschen das Kind, das Christus ist.

Und wir denken an das andere Hauptfest der Christenheit, an Ostern. Das sagt: Bei dem, was jetzt in dir ist, wird es nicht bleiben. Wenn das Kind Gottes, der Christus in dir, seinen Weg über die Grenzen deines Lebens hinausgeht in eine unbekannte, andere Welt, dann wirst du dabei nicht verlorengehen. Du wirst dich selbst behalten.

»Wir tragen hier das Bild des
irdischen Menschen.
Dort werden wir das Bild des
himmlischen tragen.
Denn das Vergangene wird dem
Künftigen weichen«, sagt Paulus.

Das Ende unseres kleinen Lebens begegnet uns also nicht mit dem Gesicht der Angst, sondern als ein Anfang, der voll ist von Lebendigkeit und Schönheit.

Und so möchte ich noch eine Weile vor der Almscheuer sitzen, der leeren, und über die Täler und Hügel dieser Erde und über die Niederungen und Höhen meines eigenen Lebens hinschauen und Gott danken dafür, daß mein kleines Leben in seinen Augen so kostbar ist und daß es so kostbar und so groß sein wird.

Die Deutsche Bibliothek – CIP-Einheitsaufnahme

Zink, Jörg:
Der grosse Gott und unsere kleinen Dinge : Betrachtungen über Alltägliches / Jörg Zink. – Stuttgart : Kreuz, 1996
ISBN 3-7831-1456-X

1 2 3 4 5 00 99 98 97 96

Postfach 80 06 69, 70506 Stuttgart,
Tel.: 0711- 78 80 30
Umschlaggestaltung: Jürgen Reichert, Stuttgart
Autorenfoto: Georgios Anastasiades
Gesamtherstellung: J. Ebner Ulm
ISBN 3-7831-1456-X